글 고정욱

350여 권의 책을 펴내고 500만 독자의 뜨거운 사랑을 받으며 연 300회 이상 작가와의 만남이 열리는, 어린이 청소년 분야 최고의 작가. 성균관대학교 국문과 문학박사이자 2025년 세계 어린이 청소년 문학의 노벨상이라 불리는 아스트리드 린드그렌상 후보에 올랐다. 소아마비로 중증 장애를 갖게 되었지만 '휠체어를 탄 아동 문학가'로 불리며 장애를 소재로 한 탁월한 작품들을 통해 많은 이에게 큰 희망과 용기, 감동을 주었다. 열정 어린 사회 참여로 편견 없는 세상을 만들기 위해 오늘도 쉼 없이 노력 중이다. 『아주 특별한 우리 형』 『안내견 탄실이』 『네 손가락의 피아니스트』 『까칠한 재석이』 등이 대표적인 작품으로 『가방 들어 주는 아이』는 MBC '책책책 책을 읽읍시다'에 선정되고 교과서에 실렸다. 어린이와 청소년에 대한 진심 어린 마음으로 독자들의 편지에 답장을 꼭 하는 것으로 유명하다.

이메일 kingkkojang@hanmail.net

그림 김정은

어린이책에 그림을 그리고 있다. 그림을 그릴 때 느꼈던 즐거운 마음이 보는 이에게도 전해지기를 바란다. 지금까지 그린 책으로 『백년 학교』 『오늘도 수줍은 차마니』 『여름이 반짝』 『분홍문의 기적』 『찰랑찰랑 비밀 하나』 『쥐눈이콩은 기죽지 않아』 『레고 나라의 여왕』 등이 있다. 그 외에도 다양한 책에 그림을 그렸다.

우리학교 그림책 읽는 시간
고정욱 선생님이 들려주는 똑똑한 말, 당당한 말

초판 1쇄 펴낸날 2025년 4월 25일 | **초판 2쇄 펴낸날** 2025년 5월 23일

글 고정욱 | **그림** 김정은 | **펴낸이** 홍지연

편집 홍소연 고영완 이태화 이수진 김신애 | **디자인** 이정화 박태연 정든해 이설
마케팅 강점원 최은 신예은 김가영 김동휘 | **경영지원** 정상희 배지수

펴낸곳 (주)우리학교 | **출판등록** 제313-2009-26호(2009년 1월 5일) | **제조국** 대한민국
주소 04029 서울시 마포구 동교로12안길 8 | **전화** 02-6012-6094 | **팩스** 02-6012-6092
홈페이지 www.woorischool.co.kr | **이메일** woorischool@naver.com

ⓒ고정욱, 김정은, 2025
ISBN 979-11-6755-318-8 77810

- 책값은 뒤표지에 적혀 있습니다.
- 잘못된 책은 구입한 곳에서 바꾸어 드립니다.
- KC마크는 이 제품이 공통안전기준에 적합하였음을 의미합니다.
  책을 입에 대거나 책 모서리에 다치지 않도록 주의해주세요.

만든 사람들
편집 고영완 | **디자인** 이정화

고정욱 선생님이 들려주는

똑똑한 말 당당한 말

고정욱 글 김정은 그림

우리학교

차례

친구 사이를 단단하게 이어 주는
똑똑한 말

기다려 줄래? · 12

생각해 보고 이야기해 줄게 · 14

그런 말은 안 했으면 좋겠어 · 16

그러니까 내 말은… · 18

한 번 더 말해 줄래? · 20

이번엔 내 차례야 · 22

오늘은 그만하자 · 24

몰라서 그랬어 · 26

그런 건 정말 못 하겠어 · 28

다른 건 틀린 게 아니야 · 30

내 생각도 들어 볼래? · 32

예의 바르게 마음을 전하는
당당한 말

혼자서는 못 하겠어요 · 36

제 잘못이 아니에요 · 38

이렇게 해 주세요 · 40

그렇게 말하면 속상해요 · 42

꼬마라고 부르지 마세요 · 44

울고 싶을 땐 울어요 · 46

겁나도 하는 거예요 · 48

꼭 다 잘해야 해요? · 50

그냥 마음이 그래요 · 52

우리도 알고 싶어요 · 54

제 이야기를 들어 주세요 · 56

작가의 말

초등학생 시절, 저는 책과 신문, 잡지를 가리지 않고 읽는 아이였습니다. 글자로 된 것은 무엇이든 읽었으며, 덕분에 또래보다 세상 돌아가는 일을 많이 알게 되었습니다. 그래서인지 '조숙하다'라는 말도 자주 들었습니다.

어느 날, 대문 안으로 어떤 사람이 들어와 말했습니다.

"방송국에서 나왔습니다. 텔레비전을 시청하려면 설치비를 내셔야 합니다."

나는 방송국이 수신료를 걷는다는 것은 들어 봤어도 설치비를 받는다는 말은 들은 적이 없었습니다. 그래서 그 사람에게 정중하게 또박또박 물었습니다.

"아저씨, 죄송한데요, 저는 그런 말은 못 들었어요. 방송국은 광고로 돈 번다는데 왜 또 돈을 걷나요?"

텔레비전이 처음 보급될 당시에는 소비자의 무지를 틈타 이러한 방식으로 집마다 돌아다니며 사기를 치는 사람들이 많았다고 합니다. 그날 저녁, 퇴근한 아버지가 제 이야기를 듣고 이렇게 말씀하셨습니다.

"우리 아들, 역시 슬기롭게 잘 말했구나."

어른들이나 친구들에게 자기의 생각을 분명히 말하는 것은 결코

되바라진 행동이 아닙니다. 예의를 갖추어 질문하고, 이해되지 않는 것이 있다는 것을 상대방이 알아들을 때까지 말하는 태도는 매우 중요합니다. 자기의 의사를 똑똑하고 당당하게 표현하는 것은 결코 쉬운 일이 아닙니다. 자신이 알고 있는 것, 믿고 있는 것은(그러려면 우선 자기가 알고 있는 것을 정확하게 알려고 노력해야지요) 분명하게 말할 줄 알아야 합니다. 어리석게 위축된 채 말꼬리를 흐리면 사람들에게 무시당하거나 이용당하기 쉽습니다.

  자신을 지키고, 이 세상을 당당하게 살아가기 위해서는 똑똑하게 말하는 법을 익혀야 합니다. 그것이야말로 서로 어울려 사는 사회에 필요한 올바른 의사소통의 방법입니다. 이 책을 통해 당당하게 의사를 표현할 수 있는 훈련을 해 보면 좋겠습니다.

2025년 봄 북한산 기슭에서

고정욱

친구 사이를 단단하게 이어 주는
똑똑한 말

'기다려 줄래?' '내 생각도 들어 볼래?'
서로를 다정하고 단단하게 이어 주는
똑똑한 말을 친구에게 건네 보아요.

기다려 줄래?

새는 바람을 기다려 더 높이 하늘을 날아요.
거북이는 파도를 기다려 더 먼 바다로 나아가요.
기다림은 어렵지만 꼭 필요한 일이에요.

"미안해."
친구가 사과해도 속상한 마음이 풀리지 않나요?
그럴 때는 친구에게 가만히 말해 보아요.

"내 마음이 풀릴 때까지 **기다려 줄래?**"
무조건 "괜찮아." 하지 않아도 괜찮아요.
잔잔한 물결처럼 마음이 고요해질 때까지
조금만 기다려 달라고 말해 보아요.
좋은 친구라면 잘 기다려 줄 테니까요.

생각해 보고 이야기해 줄게

똑 똑 똑.
"들어가도 될까요?"
"네, 어서 들어오세요."

쾅 쾅 쾅.
"왜 이렇게 늦게 열어? 오늘 여기서 자고 가도 되지?"
"음, 그건 좀…."

어떤 부탁은 기쁘게 받아 줄 수 있지만
어떤 부탁은 우리를 곤란하게 만들어요.
부탁을 거절하기는 어렵지만
모든 부탁을 다 들어줄 수는 없지요.
거절하면 친구가 나를 싫어할까 봐 걱정인가요?
그럴 때는 이렇게 말해 보아요.
"생각해 보고 이야기해 줄게."
시간을 좀 가지면
막무가내였던 친구도 좀 누그러질 거예요.

그런 말은 안 했으면 좋겠어

내 그림을 보고 친구가 킥킥 웃어요.
부끄러워서 별일 아닌 척 웃어넘겼어요.
이번에는 내 공책에 틀린 글자를 보고 또 킥킥 웃어요.
다른 친구에게 얘기하며 "아, 진짜 웃기다."라고 말해요.
이제는 웃어넘길 수 없어요. 기분이 나빠졌거든요.
내 마음이 불편하다는 걸 친구는 모르나 봐요.
우리 할머니는 내 얼굴만 봐도
내가 고구마가 먹고 싶은지, 옥수수가 먹고 싶은지 다 아는데
친구들도 그러면 얼마나 좋을까요?

말 안 해도 내 마음을 척척 알아주면 좋겠지만 쉽지 않아요.
그러니까 내 마음을 또렷하게 말해 주어야 해요.
"그렇게 웃지 않으면 좋겠어. 네가 킥킥 웃으면 기분이 나빠."
"그런 말은 안 했으면 좋겠어. 자꾸 그러면 내 마음이 불편해."

그러니까 내 말은…

지금 못 놀아.
그러니까 내 말은…
오늘은 안 되지만 내일은 괜찮다는 뜻이야.
나는 숨바꼭질 싫어.
그러니까 내 말은…
숨바꼭질 대신 게임을 했으면 좋겠다는 뜻이야.
그 모자는 별로야.
그러니까 내 말은…
넌 모자를 안 쓴 게 더 멋지다는 뜻이야.

말을 짧게 하면 오해가 생기기도 해요.
그럴 때는 무슨 뜻인지 다시 말해 주세요.
실타래를 풀 듯 길게 풀어서 말해 보세요.
친절한 설명은 오해를 막아 주니까요.

한 번 더 말해 줄래?

풀잎을 스치는 작은 바람 소리도
토끼는 귀를 쫑긋 세우고 들어요.
토끼처럼 친구의 말에 귀 기울여야 하는데
그렇지 못할 때가 있어요.
딴생각을 하느라
다른 일에 신경 쓰느라
그만 못 듣고 말아요.
친구는 끝내 화를 내고 말아요.
"도대체 내 말을 듣고 있는 거야?"

그럴 때는 바로 솔직하게 말해 보아요.
친구 마음 상하지 않게 보드랍게 말해 보아요.
"미안해, 못 들었어.
한 번 더 말해 줄래?"

이번엔 내 차례야

세수를 하고 크림을 발라야 하는데
크림을 바르고 세수를 한다면요?
속옷을 입고 그다음에 바지를 입어야 하는데
바지를 먼저 입어 버리면
정말 큰일 나겠지요?

공놀이할 때도
줄을 설 때도
친구들과 이야기할 때도
순서는 필요해요.
자기만 하겠다고 고집을 피우거나
다른 사람의 자리를 새치기하거나
자기 생각만 하는 친구가 있다면 말해 보아요.
"이번엔 내 차례야. 우리 순서를 지키자."

오늘은 그만하자

오늘따라 동생이 내내 시끄럽게 장난을 쳐요.
동생은 놀고 싶어서 그러겠지만
나는 즐겁지도 않고, 숙제도 방해돼요.
계속 참았다가 어느 순간 덜컥 화가 났어요.
"그만할래? 계속하면 폭발할 것 같아."

그만하자고 말하면 싸움을 피할 수 있어요.
그만하자는 말은 소나기를 잠깐 피하게 해 주는 말이에요.
도서관 앞 버스 정거장의 작은 지붕처럼요.

함께 놀던 친구가 계속 짜증을 내면
"오늘은 그만 놀자."라고 말해 보아요.
친구가 내 이야기는 잘 듣지도 않고 자기 말만 하려고 하면
"오늘은 그만하자."라고 말하고 다음에 다시 만나요.

몰라서 그랬어

식당에서 코뿔소 친구를 위해 스테이크를 주문했어요.
몸집도 크고 뿔도 멋지니까 고기를 좋아할 것 같았거든요.
코뿔소는 깜짝 놀라 화를 냈어요.
코뿔소는 풀과 나무 열매를 좋아하는 초식 동물이거든요.

가끔씩 그럴 때가 있어요.
내 뜻은 그게 아닌데 친구 표정이 어두워져요.
그럴 때는 솔직하게 몰랐다고 말하면 돼요.
숨김없이 내 뜻을 말하면 친구 표정도 환해져요.

"좋아할 줄 알고 그랬어.
널 괴롭히려고 그런 게 아니야.
미안해. **몰라서 그랬어.**"
코뿔소가 대답해요.
"괜찮아. 다음부터는 먼저 물어봐 줄래?"

그런 건 정말 못 하겠어

우리 모두에게는 신기하고 놀라운 힘이
꽃씨처럼 숨어 있어요.
너무 막막해서 한 치 앞도 보이지 않을 때
주위를 밝혀 주는 힘,
너무 슬퍼서 천둥처럼 울고 싶을 때
어깨를 토닥여 주는 힘,
너무 겁나서 눈만 빼꼼 내놓을 때
손잡아 주는 힘.

그 힘은 평소에는 꼭꼭 숨어 있다가
용기가 아주 많이 필요한 날
틀림없이 가슴 깊은 곳에서 솟아올라요.

"너, 지금부터 윤서랑 말하지 마."
"우리 이제 지원이랑 놀지 말자."
"걔랑 노는 사람은 친구 안 할 거야."
나쁜 말, 못된 행동이라서 거절하면
안 놀아 줄까 봐 겁이 나나요?
그럴 때는 마음속 힘을 꺼내 단호하게 말해 보아요.
"그런 건 정말 못 하겠어. 나는 안 할 거야."

다른 건 틀린 게 아니야

똑같아 보이는 꽃잎도
찬찬히 뜯어보면 모두 달라요.
똑같아 보이는 나뭇잎도
하나하나 관찰해 보면 모두 달라요.
사람도 마찬가지예요.
우리는 모두 지구에서 살고 있지만
피부색이나 쓰는 말은 다 다르지요.

서로 다른 사람들이
빨주노초파남보 무지개처럼
각자의 색을 가지면서도
어울려 살아가는 멋진 세상.

자기와 다르다는 이유로
다른 사람을 깔보는 친구가 있다면
큰 소리로 말해 주세요.
"다른 건 틀린 게 아니야. 사람은 다 달라!"

내 생각도 들어 볼래?

돌은 움직이지 못해요.
하지만 가끔은 구르기도 해요.
책은 읽는 거예요.
하지만 때로는 베개나 받침대가 돼요.
크리스마스는 겨울의 기념일이에요.
하지만 크리스마스가 여름인 나라도 많아요.
3월은 봄이 시작되는 달이에요.
하지만 때로는 3월에도 눈이 내려요.

세상에 딱 맞아떨어지는 정답은 없어요.
누군가의 말이 언제나 옳을 수도 없지요.
친구가 자기 생각만 맞다고 계속 고집을 부리나요?
어쩌면 자기가 하고 싶은 대로만 하려는 친구일지 몰라요.
그런 친구에게 똑 부러지게 말해 보아요.
"네 생각은 알았어. 이제 **내 생각도 들어 볼래?**"

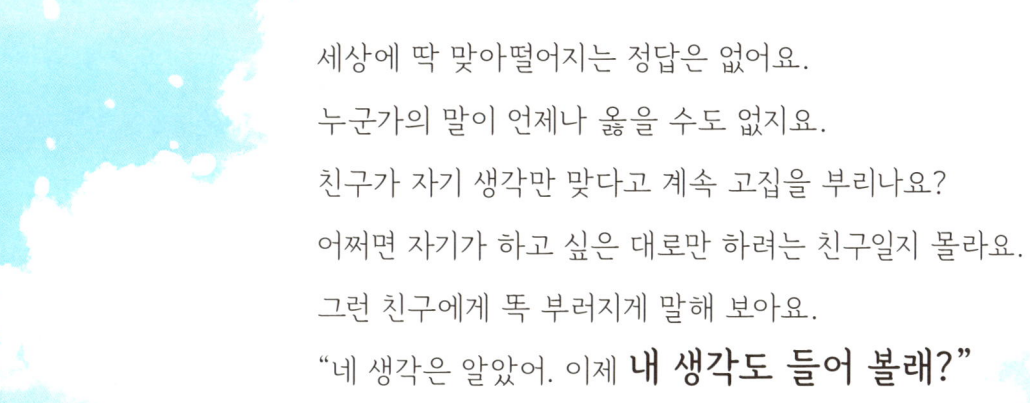

예의 바르게 마음을 전하는
당당한 말

• • •

'그렇게 말하면 속상해요.' '제 이야기를 들어 주세요.'
나를 지켜 주는 당당한 말,
용기 내어 어른들께 말해 보아요.

혼자서는 못 하겠어요

거울 앞에서 이리저리 만져 봐도
머리카락은 삐죽삐죽
머리 모양은 삐뚤삐뚤

혼자서 척척 잘하고 싶은데
아무리 해 봐도 안 되나요?
처음부터 잘하는 사람은 없어요.
누구나 시간이 필요하죠.
천천히 해도 괜찮아요.

'이런 것도 혼자 못 하다니 나는 바보인가 봐.'
이렇게 실망하고 부끄러워할 필요 없어요.
어려운 건 도와 달라고 솔직하게 말해 보세요.
언젠간 꼭 잘할 수 있을 테니까요.
"혼자서는 못 하겠어요. 도와주세요."

제 잘못이 아니에요

와르르 쿵!
가게 옆을 지나는데 과일 바구니가 쏟아졌어요.
주인아저씨가 뛰어나오더니 나를 보고 소리쳤어요.
"그냥 가면 어떡하니? 이걸 어째. 다 상했겠네."
억울했지만 침착하게 목소리를 가다듬고 말했어요.
"제가 건드린 게 아니에요. 저절로 쏟아졌어요."
또박또박 말하니까 아저씨 눈이 똥그래졌어요.

길에 떨어진 오렌지를 줍는 걸 도와드리니
아저씨가 사과했어요.
"다친 데는 없니? 화내서 미안하구나."
억울한 일이 있으면
떨지 말고 또박또박 말해 보세요.
"제 잘못이 아니에요."

이렇게 해 주세요

'~해 주세요.'라는 말에는
요술봉처럼 소망을 이루게 하는 힘이 있나 봐요.

"안아 주세요."
"같이 있어 주세요."
"이것 좀 도와주세요."
"맛있는 거 해 주세요."
말하는 순간 소망이 이루어져요.
모두 다는 아니지만
안 되는 것도 있지만
떼를 쓰고 징징거리거나
찡그리고 짜증을 내는 것보다
훨씬 더 기분 좋게 내 마음을 전할 수 있어요.
도움이 필요한 일이 있나요?
그럼 웃는 얼굴로 이렇게 말해 보세요.
"이렇게 해 주세요!"

그렇게 말하면 속상해요

"초등학생이 그것도 못 해?"
"어휴, 내가 너 때문에 못살아."
말에도 가시가 있어서 상처를 입히나 봐요.
금방 아무는 상처도 있지만
가슴 깊숙이 박힌 가시는 마음을 따끔따끔 찔러요.
'나는 왜 이럴까?'
머릿속에서 자꾸 나는 못났다고 속삭여요.

하지만 그런 말에 질 수는 없잖아요.
나는 그런 아이가 아니니까요.
나는 세상에 하나뿐인 나니까요.
마음이 아플수록 용기를 내어 말해 보아요.
"그렇게 말하면 속상해요."

꼬마라고 부르지 마세요

꼬마 김밥, 꼬마 눈사람, 꼬마 곰
꼬마라는 글자가 붙은 건 모두 귀엽지만
그래도 나를 꼬마라고 부르는 건 싫어요.
땅꼬마, 꼬꼬마, 상꼬마
꼬마라는 말에는 약하고 조그맣다고
얕보는 마음이 담겨 있는 것 같아요.

꼬마라고 부르지 말아 주세요.
꼬마 대신 내 이름을 불러 주세요.
아직 작고 어려 보일지 모르지만
마음속 진짜 나는 크지도 작지도 않은 그냥 나예요.
세상에서 하나뿐인 나로 살고 싶어요.
그러니까 아무리 작고 어려 보여도
"꼬마라고 부르지 마세요."

울고 싶을 땐 울어요

이가 아파서 치과에 갔어요.
간호사 선생님이 와서 말했어요.
"남자니까 씩씩하게 참을 수 있지?"
울보가 되긴 싫지만 말이 조금 이상했어요.
아무리 아파도, 아무리 무서워도 남자는 울면 안 되는 걸까요?

무섭고 조금 아팠지만 다행히 잘 참았어요.
남자라서가 아니라 참을 만해서 참은 거예요.
그런데 의사 선생님이 사탕을 건네며 말했어요.
"자, 남자답게 잘 참았으니까 선물 줘야지."
여자가 잘 참으면 뭐라고 말할지 궁금했지만 묻지 않았어요.
대신 의사 선생님에게 이렇게 말했어요.
"여자든 남자든 **울고 싶을 땐 울어요.**"

겁나도 하는 거예요

자전거 보조 바퀴를 떼니까 겁이 났어요.
자전거가 휘청거려 몇 번이나 넘어지고 말았어요.
"잘 잡고 있으니까 걱정하지 마."
하지만 삼촌이 슬그머니 손을 떼는 게 느껴졌어요.
나는 손잡이를 꽉 잡고 페달을 힘껏 밟았어요.
해냈다는 기쁨에 가슴이 두근거렸어요.

그런데 삼촌의 칭찬이 이상했어요.
"여자애치고 금방 배우는데? 겁도 없고, 울지도 않고."
남자애한테는 "역시 남자라서 용감하네!"라고 칭찬했을까요?

나는 겁이 없는 게 아니라
겁나도 참았던 것뿐이에요.
여자든 남자든 누구나 처음에는 떨려요.
용기는 겁이 없는 게 아니라 **겁나도 하는 거예요.**
여자, 남자라서가 아니라 더 잘하고 싶어 용감해지는 거예요.

꼭 다 잘해야 해요?

달팽이야, 넌 너무 느리구나.
"괜찮아, 나는 멋진 뿔과 집이 있으니까."
개미야, 넌 왜 그렇게 작니?
"꼭 커야 해? 나는 커다란 물건을 척척 들 수 있는걸!"
넌 다리가 불편해서 혼자서는 아무것도 못 하겠다.
"괜찮아. 나한테는 좋은 친구들이 있으니까."

그러니까 나는 나대로 잘할 수 있어요.
말도 잘 듣고 밥도 남김없이 잘 먹고
영어도 수학도 잘하는 아이가 있다지만
"꼭 다 잘해야 해요?"
조금 느려도 가끔 까먹어도
내 모습 그대로 괜찮다고 말해 주세요.

그냥 마음이 그래요

하루 종일 신나고 즐겁게 지냈던 날도
하늘이 분홍색이었다가 보라색이 되고
어둠이 내리면 마음이 쓸쓸해질 때가 있어요.
설명할 수 없는 물음표 같은 마음이
슬픔이 되어 쏟아지기도 하고
수많은 느낌표가 쌓이고 쌓여
마음에 비가 되어 내리기도 해요.

"기분이 안 좋아? 왜 그래? 무슨 일 있어?"
그럴 때는 왜 그러냐고 다그치는 대신
그냥 잠깐 모르는 척해 주면 좋겠어요.

엄마도 아빠도 그럴 때 있잖아요.
언제나 기분이 좋을 수만은 없으니까요.
항상 마음을 설명할 수는 없으니까요.
아무 이유 없이 기분이 안 좋을 때는,
가만히 말해 보아요.
"그냥 마음이 그래요."

우리도 알고 싶어요

쑥덕쑥덕.
"왜요, 무슨 일이에요?"
"너희는 몰라도 돼."
"아직 어리니까 더 크면 알려 줄게."
어른들이 자주 하는 소리예요.

소곤소곤.
어른들끼리만 이야기해요.
그럴 만한 이유가 있다지만
어리다고 무시하는 것 같아 기분이 별로예요.
입장 바꿔 생각해 봐요.
아이들끼리만 이야기하고
어른들은 몰라도 된다고 말하면 기분이 어떨지.
아직 어리지만 우리도 할 수 있는 게 있어요.
아직 어리지만 우리도 알아야 하는 게 있어요.
"우리도 알고 싶어요."

제 이야기를 들어 주세요

엄마 아빠가 "안 돼!"라고 할 때는
뜨거운 냄비를 만질 뻔할 때처럼
우리를 보호하려고 그런다는 걸 알아요.
그렇다고 너무 차갑게 막지는 말아 주세요.
"안 된다면 안 되는 줄 알아."
"몇 번을 말해야 알아듣니?"
"왜 아무것도 아닌 일에 고집을 부려?"
이야기를 꺼내자마자 혼나는 말을 들으면
이 세상에 나만 혼자 남겨진 것 같아요.
뾰족한 돌멩이를 손에 쥔 것처럼
마음이 콕콕 찔리듯이 아파요.

안 된다고 말하기 전에
제 마음을 알아주세요.
제 이야기를 들어 주세요.